• DIE SPRACHZEITUNG •

TRAININGSHEFT

DaF

Grammatik

Die Deklination der Adjektive

Prüfungsrelevante Grammatik

Niveau A2 – B1

von Natalie Thomas

CARL ED. SCHÜNEMANN KG

Liebe Leserin, lieber Leser,

mit unserer kleinen DaF-Reihe bieten wir Selbstlernerinnen und -lernern kleine Grammatikeinheiten zum Üben, Wiederholen und Vertiefen an. Die Hefte können parallel zum kurstragenden Lehrwerk eingesetzt werden und wenden sich an alle, die sich gezielt auf DaF-Prüfungen vorbereiten wollen oder sich übungsintensiven Lerninhalten noch einmal widmen möchten.
Die Grammatikinhalte orientieren sich an **Prüfungsformaten der gängigen DaF-Sprachprüfungen** (z. B. Zertifikat Deutsch-telc Deutsch B1, Goethe-/ÖSD-Zertifikat Deutsch B1 etc.) auf den Niveaus A2 und B1.

Dieses Heft behandelt das Grammatikthema **Adjektivdeklination:**
Die Kapitel 1 - 3 behandeln die Deklination der Adjektive nach Artikelwörtern, also nach dem unbestimmten, dem bestimmten und dem Nullartikel.
Kapitel 4 fokussiert auf die Deklination von gesteigerten Adjektivformen, nämlich auf den Komparativ und den Superlativ.
In Kapitel 5 wird die Verwendung und Deklination der Partizipien I und II als Adjektive in den Mittelpunkt gestellt.
Kapitel 6 schließt den Band mit der Deklination der Ordinalzahlen ab.
Am **Anfang eines jeden Kapitels** werden die jeweils behandelten Grammatikinhalte kurz und klar eingeführt. Zahlreiche Beispiele tragen zur Veranschaulichung des Stoffes bei.
Abwechslungsreiche Übungen festigen anschließend das Gelernte und wenden es in unterschiedlichen Kontexten an. Vor jeder Übung ist das **Sprachniveau** angegeben.
Abgerundet wird das Angebot von einem ausführlichen **Lösungsteil.**
Auf diese Weise können Sie sich optimal auf anstehende Prüfungen vorbereiten.

Und das besondere Plus, auch für Lehrkräfte:
Im Shop auf unserer Homepage finden Sie Übersichten zur Adjektivdeklination sowie Unterrichtsideen zu einzelnen Kapiteln. Die ideale Ergänzung zum kurstragenden Lehrwerk!

Die Reihe wird fortgesetzt.

Viel Spaß und Erfolg wünscht
Ihre DaF-Redaktion

1 | Die Adjektivdeklination nach dem unbestimmten Artikel

- Adjektive können **vor Substantiven** stehen. Dann haben sie eine Endung, d. h. sie werden wie Substantive dekliniert. Die Deklination des Adjektivs ist abhängig vom **Genus** (maskulin, feminin, neutral) und **Kasus** (Nominativ, Akkusativ, Dativ, Genitiv) des Substantivs und vom **Artikelwort.**

ein / eine	*Das ist* ***ein*** *dick**er** Schal.*
kein / keine:	*Wir kaufen* ***keine*** *teur**e** Hose.*
mein / meine	***Mein*** *neu**er** Rock ist schön.*
dein / deine	***Deine*** *alt**e** Jacke hat ein Loch.*
sein / seine	***Sein*** *weiß**es** T-Shirt ist in der Waschmaschine.*
ihr / ihre	*Carla hängt* ***ihr*** *gelb**es** Kleid in den Schrank.*
unser / unsere	*Wir renovieren* ***unsere*** *neu**e** Wohnung.*
euer / eure	*Gestern haben wir* ***eure*** *nett**en** Nachbarn gesehen.*
Ihr / Ihre	*Ist das* ***Ihr*** *schwarz**er** Mantel?*
irgendein / irgendeine	*Kannst du mir* ***irgendeine*** *warm**e** Jacke leihen?*
irgendwelche (Pl.)	*Er wünscht sich* ***irgendwelche*** *lecker**en** Süßigkeiten.*

- **Tipp:** Im Plural haben die Adjektive nach diesen Artikelwörtern immer die Endung **-en:** z. B. *unsere lieb**en** Freunde.*

		Nominativ	Akkusativ	Dativ	Genitiv
Sg.	maskulin	*ein klein**er** Hund*	*einen klein**en** Hund*	*einem klein**en** Hund*	*eines klein**en** Hund(e)s*
	neutral	*ein klein**es** Pferd*	*ein klein**es** Pferd*	*einem klein**en** Pferd*	*eines klein**en** Pferd(e)s*
	feminin	*eine klein**e** Katze*	*eine klein**e** Katze*	*einer klein**en** Katze*	*einer klein**en** Katze*
Pl.	maskulin	*klein**e** Hunde*	*klein**e** Hunde*	*klein**en** Hunden*	*klein**er** Hunde*
	neutral	*klein**e** Pferde*	*klein**e** Pferde*	*klein**en** Pferden*	*klein**er** Pferde*
	feminin	*klein**e** Katzen*	*klein**e** Katzen*	*klein**en** Katzen*	*klein**er** Katzen*
		*meine klein**en** Hunde / Pferde / Katzen*	*meine klein**en** Hunde / Pferde / Katzen*	*meinen klein**en** Hunden / Pferden / Katzen*	*meiner klein**en** Hunde / Pferde / Katzen*

Achtung:

Bei Adjektiven auf **-er** und **-el** entfällt meist das **-e-**:	teu**er**	➤ *ein teu**r**es Kleid*
	dunk**el**	➤ *ein dunk**l**es Zimmer*
Aber: Bei **sauber** und **lecker** bleibt das **-e-**:	saub**er**	➤ *eine saub**e**re Tasse*
	leck**er**	➤ *ein leck**e**res Essen*
Auch Adjektive, die auf **-e** enden, verlieren das **-e**: (müde + **-es, -en** = müd~~e~~es, müd~~e~~en)	müd**e**	➤ *ein müd**es** Mädchen*
Die Farbadjektive **lila** und **rosa** verändern sich nicht:	lil**a**	➤ *eine lil**a** Mütze*
Das Adjektiv **hoch** verliert das **-c-**:	ho**c**h	➤ *eine ho**h**e Mauer*

Nominativ

A2 **1 Was passt zusammen? Ordnen Sie die Adjektive den passenden Substantiven zu.**

1) ein scharfes →	a) Löffel
2) eine leere	b) Essen
3) ein langer	c) Messer
4) ein großer	d) Glas
5) ein tiefer	e) Becher
6) ein volles	f) Gabel
7) eine saubere	g) Tasse
8) ein leckeres	h) Teller

A2 **2 Was ist das? Ergänzen Sie den unbestimmten Artikel und das Adjektiv im Nominativ.**

a) schön + Stuhl Das ist *ein schöner Stuhl.*

b) breit + Regal Das ist ……………………………

c) rund + Tisch Das ist ……………………………

d) schwer + Bett Das ist ....

e) bequem + Sofa Das ist ....

f) neu + Fernseher Das ist ....

g) modern + Lampe Das ist ....

h) hell + Zimmer Das ist ....

A2

3 Das ist ein leckeres Essen. Formen Sie die Sätze wie im Beispiel um.

a) Dieses Essen ist lecker.

Das ist ein leckeres Essen.

b) Dieses Haus ist hoch.

....

c) Diese Tickets sind teuer.

....

d) Diese Gurken sind sauer.

....

e) Diese Bäume sind alt.

....

f) Dieses Lied ist bekannt.

....

g) Dieses Buch ist langweilig.

....

h) Dieser Kaffee ist dünn.

....

Akkusativ

A2

4 Was sehen Sie? Ergänzen Sie den unbestimmten Artikel und das Adjektiv im Akkusativ.

a) klein + Hund Ich sehe einen kleinen Hund.

b) lang + Schlange Ich sehe ……………………

c) braun + Kuh Ich sehe ……………………

d) bunt + Vogel Ich sehe ……………………

e) riesig + Löwe Ich sehe ……………………

f) groß + Pferd Ich sehe ……………………

g) wild + Ente Ich sehe ……………………

h) jung + Katze Ich sehe ……………………

A2

5a) Reana packt ihren Koffer. Was packt sie ein? Bilden Sie Sätze wie im Beispiel. Streichen Sie die verwendeten Wörter im Kasten durch.

Tipp: Es sind mehrere Lösungen möglich.

rot – ~~blau~~ – schwarz – grau – dick – warm – lang – kurz – Bluse – ~~Pullover~~ – Jacke – Schuhe – Rock – T-Shirt – Hose – Mantel

a) Sie packt einen blauen Pullover ein.

b) Sie packt …………………… ein.

c) Sie packt …………………… ein.

d) Sie packt …………………… ein.

e) Sie packt …………………… ein.

f) Sie packt …………………… ein.

g) Sie packt …………………… ein.

h) Sie packt …………………… ein.

5b) Was packen Sie ein? Schreiben Sie 2 – 3 Sätze.

....

....

....

Dativ

A2 **6 Womit fahren Sie? Ergänzen Sie den unbestimmten Artikel und das Adjektiv im Dativ.**

a) Das Auto ist alt. Ich fahre mit einem alten Auto.

b) Der Roller ist lila. Ich fahre mit ....

c) Der Zug ist schnell. Ich fahre mit ....

d) Das Fahrrad ist neu. Ich fahre mit ....

e) Die U-Bahn ist voll. Ich fahre mit ....

f) Das Skateboard ist cool. Ich fahre mit ....

g) Der Bus ist gelb. Ich fahre mit ....

h) Das Taxi ist weiß. Ich fahre mit ....

A2 **7 Wovon träumen Sie? Wovon träumen die anderen? Ergänzen Sie die Sätze wie im Beispiel.**

a) Ich träume von einer großen Wohnung. (groß, Wohnung)

b) Hakime träumt von .... (schön, Film)

c) Ahmad träumt von .... (lang, Reise)

d) Die Lehrerin träumt von .... (sonnig, Ausflug)

e) Die Schüler träumen von ....
(langweilig, Deutschstunde)

f) Claudio träumt von .... (lecker, Essen)

g) Franziska träumt von .... (heiß, Tee)

h) Laura träumt von .... (schick, Kleid)

Akkusativ und Dativ

A2

8 Wie kommen wir zum Kino? Ergänzen Sie die richtige Form der Adjektive im Akkusativ und Dativ.

a) Wir starten vor einem modernen (modern) Museum.

b) Wir fahren über eine .... (hoch) Brücke.

c) Wir biegen an einer .... (groß) Kreuzung rechts ab.

d) Wir fahren an einem .... (schön) Park entlang.

e) Wir fahren durch einen .... (dunkel) Tunnel.

f) Wir kommen an einer .... (alt) Kirche vorbei.

g) Wir fahren durch ein .... (klein) Dorf.

h) Hinter einer .... (bunt) Wiese biegen wir links ab und sind endlich da!

Genitiv

B1

9 Was gehört wohin? Ergänzen Sie die Sätze mit den Artikelwörtern, Adjektiven und Substantiven im Genitiv.

einer großen Pause – seines kranken Vaters – eines dunklen Waldes
großer Supermärkte – ~~ihres neuen Kleides~~ – eines neuen Jahres
ihres kleinen Bruders – seiner alten Eltern – eines starken Sturmes

a) Aylin gefällt die Farbe ihres neuen Kleides sehr gut.

b) Trotz .... fahren Gloria und Julika mit dem Fahrrad zur Schule.

c) Am Ende .... klingelt es in der Schule immer zweimal.

d) Die Öffnungszeiten .... sind sehr lang.

e) Fryad sitzt am Bett ....

f) Der Neujahrstag ist der Anfang ....

g) Louisa steht an der Seite ....

h) Das Haus .... steht am Rand

....

B1 **10 Ein Tag im Leben einer jungen Katze. Ergänzen Sie die Adjektivendungen im Genitiv.**

Das ist der Anfang einer interessant en *Geschichte. Das Fell meiner jung .... Katze ist sehr weich. Sie liegt auf dem Rasen unseres schön .... Gartens. Die Katze sieht den Schwanz einer klein .... Maus am Ende des Gartens. Plötzlich verschwindet die Maus im Loch einer kaputt .... Mauer. Danach klettert meine Katze fast auf die Spitze unseres groß .... Apfelbaumes. Von dort kann sie alle Mäuse unseres klein .... Gartens gut sehen. Das ist schon das Ende einer kurz .... Übung.*

Akkusativ – Dativ – Genitiv

B1 **11 Hossein und Zainab haben eine Wohnung gefunden. Ergänzen Sie die Endungen.**

Am 1. Februar ziehen Zainab und Hossein mit ihren vier klein en *Kindern in eine schön .... Wohnung im Zentrum. Sie dürfen sogar ihren süß .... Hund mitnehmen. Die Wohnung ist im Erdgeschoss und hat einen sonnig .... Garten und eine modern .... Küche. Hossein ist glücklich, weil die Wohnung auch in der Nähe seiner neu .... Arbeit und des städtisch .... Kindergartens seiner jünger .... Kinder ist. Die Wohnung hat zwar nur ein eng .... und dunk .... Bad, aber ein groß .... Wohnzimmer mit hoh .... Fenstern. Obwohl sie im Erdgeschoss ist, hat sie hell .... Zimmer. Die Familie sucht noch günstig .... Möbel. Hat noch jemand einen gebraucht .... Schrank und eventuell einen ausziehbar .... Küchentisch?*

2 | Die Adjektivdeklination nach dem bestimmten Artikel

- Adjektive können **vor Substantiven** stehen. Dann haben sie eine Endung, d. h.: Sie werden wie Substantive dekliniert. Die Deklination des Adjektivs ist abhängig vom **Genus** (maskulin, feminin, neutral) und **Kasus** (Nominativ, Akkusativ, Dativ, Genitiv) des Substantivs und vom **Artikelwort.**

- Die gleichen Endungen wie nach **der, das, die** haben die Adjektive auch nach diesen bestimmten Artikelwörtern:

dieser / dieses / diese	***Diese*** *dicke Jacke ist sehr warm.*
jener / jenes / jene	*Dieser große Schrank ist sehr teuer, aber* ***jener*** *große Schrank kostet nicht viel.*
welcher / welches / welche	***Welche*** *blaue Bluse nimmst du?*
jeder / jedes / jede	*Schreibt eure Namen auf* ***jedes*** *neue Heft.*
mancher / manches / manche	***Mancher*** *große Mann hat Angst vor Mäusen.*
derselbe / dasselbe / dieselbe	***Dasselbe*** *rote Kleid hat auch meine Frau.*
beide	***Beide*** ***kleinen*** *Kinder bekommen ein Geschenk.*
alle (Pl.), sämtliche	***Alle*** ***schmutzigen*** *Gläser müssen gespült werden.*

- **Tipp:** Nach dem bestimmten Artikel (der, das, die, dem, den, des) bekommen Adjektive nur zwei Endungen: **-e** und **-en.**

		Nominativ	**Akkusativ**	**Dativ**	**Genitiv**
Sg.	maskulin	*der kleine Hund*	*den* ***kleinen*** *Hund*	*dem* ***kleinen*** *Hund*	*des* ***kleinen*** *Hund(e)s*
	neutral	*das kleine Pferd*	*das kleine Pferd*	*dem* ***kleinen*** *Pferd*	*des* ***kleinen*** *Pferd(e)s*
	feminin	*die kleine Katze*	*die kleine Katze*	*der* ***kleinen*** *Katze*	*der* ***kleinen*** *Katze*
Pl.	maskulin	*die* ***kleinen*** *Hunde*	*die* ***kleinen*** *Hunde*	*den* ***kleinen*** *Hunden*	*der* ***kleinen*** *Hunde*
	neutral	*die* ***kleinen*** *Pferde*	*die* ***kleinen*** *Pferde*	*den* ***kleinen*** *Pferden*	*der* ***kleinen*** *Pferde*
	feminin	*die* ***kleinen*** *Katzen*	*die* ***kleinen*** *Katzen*	*den* ***kleinen*** *Katzen*	*der* ***kleinen*** *Katzen*

Achtung:

Bei Adjektiven auf **-er** und **-el** entfällt meist das **-e-**:	teu**er**	➤ *das teure Kleid*
	dunk**el**	➤ *das dunkle Zimmer*
Aber: Bei **sauber** und **lecker** bleibt das **-e-**:	saub**er**	➤ *die saubere Tasse*
	leck**er**	➤ *das leckere Essen*
Auch Adjektive, die auf **-e** enden, verlieren das **-e**: (müde + **-es, -en** = müd~~e~~es, müd~~e~~en)	müd**e**	➤ *das müde Mädchen*
Die Farbadjektive **lila** und **rosa** verändern sich nicht:	lil**a**	➤ *die lila Mütze*
Das Adjektiv **hoch** verliert das **-c-**:	ho**c**h	➤ *das hohe Haus*

Nominativ

A2 **1 Deklinieren Sie die Adjektive und ergänzen Sie die bestimmten Artikel.**

a) sonnig + Wetter: das sonnige Wetter

b) warm + Sonne: ....

c) dunkel + Wolken: ....

d) stark + Regen: ....

e) tief + Schnee: ....

f) blau + Himmel: ....

g) laut + Gewitter: ....

h) glatt + Eis: ....

A2 **2 Wer oder was ist das? Ergänzen Sie die bestimmen Artikel und die Endungen der Adjektive.**

a) Ist das die preiswerte e Waschmaschine? Die sollten wir kaufen.

b) Ist das .... lustig.... Nachbar? Ihn habe ich heute schon wieder getroffen.

c) Ist das .... teur.... Uhr? Die sieht aber schön aus.

d) Sind das .... wichtig....... Papiere? Die sollten wir in eine Mappe legen.

e) Ist das .... schwierig.... Aufgabe? Die müssen wir leider heute noch lösen.

f) Ist das .... berühmt.... Sänger? Ich möchte ihn gern einmal kennenlernen.

g) Sind das .... fleißig....... Handwerker? Sie arbeiten wirklich sehr gut.

h) Ist das .... gültig.... Ausweis? Den darfst du nicht verlieren.

i) Ist das .... intelligent.... Auszubildende? Sie hat hier schon sehr viel gelernt.

j) Ist das .... kaputt.... Aufzug? Der muss schnell repariert werden.

k) Ist das schon .... nächst.... Haltestelle? Dort muss ich aussteigen.

A2

3 Im Fundbüro. Was gehört Ihnen? Fragen Sie und ergänzen Sie die bestimmten Artikel mit den Adjektiven im Nominativ.

a) Welcher Schlüssel gehört Ihnen, der kleine (klein)

oder der große (groß)?

b) Welcher Rucksack gehört Ihnen, ... (leicht)

oder .... (schwer)?

c) Welche Uhr gehört Ihnen, ... (silbern)

oder .... (golden)?

d) Welcher Mantel gehört Ihnen, ... (sportlich)

oder .... (elegant)?

e) Welches Fahrrad gehört Ihnen, ... (rostig)

oder .... (kaputt)?

f) Welche Tasche gehört Ihnen, ... (lila)

oder .... (rosa)?

g) Welche Mütze gehört Ihnen, ... (bunt)

oder .... (rot)?

h) Welcher Schal gehört Ihnen, ... (kurz)

oder .... (lang)?

Akkusativ

A2

4 Der Schrank Ihrer Freundin ist zu voll. Sie möchte einige Sachen verkaufen oder verschenken. Aber was? Stellen Sie Fragen.

Was möchtest du verkaufen oder verschenken?

a) der Pullover – blau oder schwarz

Den blauen oder den schwarzen Pullover? ....

b) die Jacke – hell oder dunkel

....

c) der Gürtel – schwarz oder braun

....

d) der Rock – lang oder kurz

....

e) die Hose – gestreift oder schwarz

....

f) die Bluse – bunt oder einfarbig

....

g) die Turnschuhe – hoch oder niedrig

....

h) das Kleid – weit oder eng

....

A2

5 Paula hat viele Geschenke von ihren Freunden zum Geburtstag bekommen und bedankt sich für alles. Schreiben Sie die Sätze mit dem bestimmten Artikel und den Adjektiven im Akkusativ.

Auf dem Geburtstagstisch liegt/liegen:

a) ... ein spannendes Buch.

Vielen Dank für das spannende Buch! ....

b) ... ein französisches Parfüm.

Vielen Dank für ....

c) ... viele Süßigkeiten.

....

d) ... ein fantastischer Kalender.

....

e) ... eine große Torte.

....

f) ... eine schöne Kette.

....

g) ... eine praktische Kamera.

....

h) ... ein herzlicher Geburtstagsbrief.

....

Ich bedanke mich bei allen für die tollen Geschenke!

Nominativ und Akkusativ

A2

6 Was für ein Chaos! Wo sind meine Sachen? Stellen Sie die Frage im Nominativ und geben Sie die Antwort im Akkusativ.

a) gelb – Ball ➤ Kiste gelegt

Wo ist der gelbe Ball? ....

Den gelben Ball habe ich in die Kiste gelegt. ....

b) grau – Anzug ➤ Schrank gehängt

....

....

c) bunt – Stifte (Pl.) ➤ Schublade gelegt

....

....

d) neu – Brille ➤ Handtasche getan

....

....

e) groß – Handtuch ➤ Badezimmer gehängt

....

....

f) dick – Schal ➤ Kommode geräumt

....

....

g) aktuell – Stadtplan ➤ Auto gelegt

....

....

h) warm – Decke ➤ Korb gelegt

....

....

i) alt – Zeitung ➤ Papierkorb geworfen

....

....

j) groß – Fahrradschloss ➤ Garage getan

....

....

k) interessant – Buch ➤ Regal gestellt

....

....

Dativ

A2

7 Was machen Korosh und Clara? Ergänzen Sie die Lücken.

a) Korosh und Clara sind seit dem letzten Monat (der letzte Monat) verheiratet.

b) Sie wohnen jetzt in .... (die neue Wohnung) in der Nelkenstraße.

c) Beide arbeiten in .... (das hübsche Café) an der Ecke.

d) Es ist immer viel zu tun, besonders an .... (die sonnigen Wochenenden).

e) Dann kommen viele Leute aus .... (der schöne Park).

f) Besonders beliebt ist der Kuchen mit .... (das viele Obst) darauf.

g) Das Obst für den Kuchen kaufen sie immer auf .... (der nahe Markt).

h) Abends erholen sie sich von .... (die stressige Arbeit) bei einem Glas Wein.

A2/B1

8 Shirin kauft ein. Ergänzen Sie die Adjektive im Dativ.

Shirin hat sich zu dem neuen (neu) Deutschkurs, der am nächsten (nächst-) Montag anfängt, angemeldet. Dafür kauft sie in dem .... (klein) Geschäft in ihrer Straße noch ein. Mit der .... (lang) Liste von ihrer Lehrerin geht sie hinein. Bei den .... (reduziert) Waren findet sie viele Dinge: Neben den .... (preiswert) Heften und den .... (günstig) Mappen findet sie noch Bleistifte auf dem

.... (hoch) Regal zwischen den .... (viel-, ander-) Stiften. Sie sucht noch nach den .... (beliebt) Kugelschreibern, aber ohne Erfolg. Die Verkäuferin sagt zu den .... (ausverkauft) Produkten, dass eventuell am Montag noch eine Lieferung kommt. Seit dem .... (letzt-) Mittwoch warten sie schon darauf. In der .... (lang) Schlange vor der Kasse muss sie lange warten. Nach diesem .... (intensiv) Einkauf trinkt sie zu Hause in Ruhe eine Tasse mit dem .... (lecker) Tee aus ihrer Heimat.

Nominativ, Akkusativ und Dativ

A2/B1 **9 Das war ein fantastisches Essen. Ergänzen Sie die Endungen.**

a) Die heiß .e. Suppe zu Beginn hat mir sehr gutgetan.

b) Den frisch .... Salat mit der lecker .... Salatsoße und der rot .... Paprika haben alle sofort aufgegessen.

c) Zu dem warm .... Braten mit der mild .... Soße gab es diesen spanisch .... Rotwein, den wir auch das letzt .... Mal bestellt haben.

d) Er hatte auch genau die richtig .... Temperatur.

e) Die viel .... Kartoffeln mit der gut .... Butter darauf habe ich gar nicht mehr alle essen können.

f) Dann kam das köstlich .... Dessert: Die heiß .... Himbeeren in Kombination mit dem kalt .... Vanilleeis waren der absolut .... Traum.

g) Zum gut .... Abschluss gab es noch die berühmt .... Käseplatte.

h) Der reif .... Käse aus Frankreich hat mir am besten geschmeckt.

i) Das war die wahr .... Freude zu sehen, wie alle so zufrieden waren.

Genitiv

B1

10 Warum konnte Evi nicht zum Fest kommen? Benutzen Sie die Präposition wegen und den Genitiv.

a) glatt + die Straße: wegen der glatten Straße

b) verspätet + die U-Bahn: ....

c) dringend + der Termin: ....

d) kaputt + das Fahrrad: ....

e) viel + die Hausaufgaben: ....

f) stark + der Sturm: ....

g) krank + der Sohn: ....

h) plötzlich + der Besuch ihrer Schwester: ....

....

Nominativ, Akkusativ, Dativ, Genitiv

B1

11 Der Ausflug. Ergänzen Sie die Artikelwörter und die Endungen der Adjektive.

Heute macht .... neu.... Deutschkurs .... schon lang ersehnte Führung durch .... riesig.... Stadtbibliothek. Aufgrund .... schlecht........ Wetters fahren sie mit .... öffentlich........ Verkehrsmitteln. .... fröhlich.... Gruppe trifft sich am hinter .... Eingang .... groß........ U-Bahn-Station Florastraße. Sie warten noch auf .... letzt........ Kursteilnehmer. Endlich kommen sie: .... klug.... Jugendliche aus Afghanistan und .... lustig.... irakisch.... Mann. Beid.... jung........ Männer haben sich sehr beeilt. .... automatisch........ Türen schließen, ... voll.... U-Bahn fährt los und all.... glücklich........ Kursteilnehmer sind dabei. Trotz .... klein........ Verspätung wartet

.... freundlich .... Mitarbeiterin in .... groß .... Halle .... städtisch .... Bibliothek noch auf sie. Nach .... interessant .... Führung gehen .... nun hungrig .... Deutschschüler in dasselb .... nett .... Restaurant neben .... alt .... Rathaus, in .... sie beim letzt .... Ausflug waren. Wegen .... kühl .... Windes setzen sie sich aber nicht auf .... sonnig .... Terrasse, sondern in jen .... gemütlich .... Raum .... beliebt .... Restaurants, wo .... lang .... Tisch steht. Alle haben dort Platz und genießen .... gut .... Mittagessen.

B1

12 Bilden Sie aus den Wörtern Sätze. Deklinieren Sie die Adjektive und ergänzen Sie den bestimmten Artikel.

a) klein – Hund – Nachbar – bellen – laut

Der kleine Hund des Nachbarn bellt laut.

b) Ahmad – lernen – für – schwer – Prüfung

....

c) Dina – fahren – mit – neu – Fahrrad – zur – Schule

....

....

d) Bruder – klein – Mädchen – heißen – Paul

....

....

e) Frau – mit – rot – Haare (Pl.) – sein – unsere – Lehrerin

....

....

f) neu – Kollegen (Pl.) – sein – sehr – nett

....

3 | Die Adjektivdeklination ohne Artikelwort: Nullartikel

- Adjektive können **vor Substantiven** stehen. Dann haben sie eine Endung, d. h.: Sie werden wie Substantive dekliniert. Die Deklination des Adjektivs ist abhängig vom **Genus** (maskulin, feminin, neutral) und Kasus (Nominativ, Akkusativ, Dativ, Genitiv) des Substantivs und vom **Artikelwort.**

- Gibt es ***kein*** Artikelwort (= Nullartikel), steht die **Endung mit dem Kasussignal am Adjektiv.** Die Adjektive haben nun die gleichen Endungen wie die bestimmten Artikel. Nur im Genitiv maskulin und neutral ist es anders: Hier bekommt das Adjektiv die Endung **-en** und das Substantiv trägt das Kasussignal (s. Tabelle).

- Die gleichen Endungen wie beim Nullartikel hat das Adjektiv auch nach:

etwas	*Mit **etwas braunem** Zucker schmeckt der Tee noch besser.*
mehr	*Wir sollten **mehr frisches** Gemüse essen.*
manch	***Manch kleine** Stadt hat einen großen Park.*
solch	***Solch bunte** Blumen habe ich schon lange nicht mehr gesehen.*
viel	*Ali trinkt **viel schwarzen** Kaffee.*
welch	***Welch schöne** Augen diese Frau hat.*
wenig	*Im Jobcenter wurden ihm **wenig neue** Fragen gestellt.*
Zahladjektiven	***zwei, vier, fünf** etc.: Natasha kaufte **sechs braune** und **zehn weiße** Eier.*

		Nominativ	Akkusativ	Dativ	Genitiv
Sg.	maskulin	*klein**er** Hund*	*klein**en** Hund*	*klein**em** Hund*	*klein**en** Hund(e)s*
	neutral	*klein**es** Pferd*	*klein**es** Pferd*	*klein**em** Pferd*	*klein**en** Pferd(e)s*
	feminin	*klein**e** Katze*	*klein**e** Katze*	*klein**er** Katze*	*klein**er** Katze*
Pl.	maskulin	*klein**e** Hunde*	*klein**e** Hunde*	*klein**en** Hunden*	*klein**er** Hunde*
	neutral	*klein**e** Pferde*	*klein**e** Pferde*	*klein**en** Pferden*	*klein**er** Pferde*
	feminin	*klein**e** Katzen*	*klein**e** Katzen*	*klein**en** Katzen*	*klein**er** Katzen*

- **Tipp:** Stehen vor einem Substantiv mehrere Adjektive ohne Artikelwort, bekommen alle Adjektive die gleiche Endung:

*bei schlecht**em**, stürmisch**em**, kalt**em** Wetter*

Achtung:

Bei Adjektiven auf **-er** und **-el** entfällt meist das **-e-**:	teu**er**	➤ *teu**res** Kleid*
	dunk**el**	➤ *dunk**les** Zimmer*
Aber: Bei **sauber** und **lecker** bleibt das **-e-**:	saub**er**	➤ *saub**ere** Tasse*
	leck**er**	➤ *leck**eres** Essen*
Auch Adjektive, die auf **-e** enden, verlieren das **-e**: (müde + **-es, -en** = müd~~e~~es, müd~~e~~en)	müd**e**	➤ *müd**es** Mädchen*
Die Farbadjektive **lila** und **rosa** verändern sich nicht:	lil**a**	➤ *lil**a** Mütze*
Das Adjektiv **hoch** verliert das **-c-**:	ho**ch**	➤ *ho**hes** Haus*

Nominativ

A2 **1 Angebote im Supermarkt. Ergänzen Sie die Endungen.**

a) **Spanisch** es **Olivenöl**
1 Flasche (0,75 l)
nur 3,99 €

b) **Holländisch** .... **Käse**
100 g für
nur 1,79 €

c) **Frisch** .... **Bio-Eier**
10 Stück für
2,99 €

d) **Locker** .... **, saftig** .... **Weißbrot**
frisch aus dem Backofen
750 g für
nur 2,39 €

e) **Süß** .... **, hell** .... **Trauben**
500 g für
3,49 €

f) **Argentinisch** .... **, zart** .... **Steak**
vom Angus-Rind, 100 g
nur 2,79 €

g) **Italienisch** .... **Rotwein**
aus der Toskana
nur 4,99 €

h) Heute an unserem Stand am Eingang:
Heiß .... **Gemüsesuppe**
2,50 € die Tasse

Akkusativ

A2 **2 Was mögen Sie lieber? Ergänzen Sie die Endungen der Adjektive und notieren Sie die Antwort.**

Manchmal sind mehrere Antworten möglich.

a) Heiß.en.. oder kalt.en.. Kakao?

Ich mag heißen Kakao lieber als kalten Kakao.

b) Lang.... oder kurz.... Kleider?

....

c) Stark........ oder schwach........ Kaffee?

....

d) Deutsch........ oder englisch........ Bier?

....

e) Rot.... oder grün.... Ampeln?

....

f) Sau........ (sauer) oder süß........ Äpfel?

....

g) Spanisch........ oder französisch........ Wein?

....

h) Mager........ oder fett........ Fleisch?

....

i) Roh........ oder gekocht........ Gemüse?

....

A2

3 Gute Wünsche und viele Grüße. Notieren Sie die Adjektive mit den richtigen Endungen.

Tipp: Bei Wünschen und Grüßen verwendet man immer den Akkusativ.

a) (froh): Frohe .... Ostern!

b) (herzlich): .... Glückwünsche zum Geburtstag!

c) (gut): .... Reise!

d) (schön): .... Ferien!

e) (gut): .... Flug!

f) (gut): .... Morgen!

g) (gut): .... Tag!

h) (gut): .... Abend!

i) (gut): .... Nacht!

j) (gemütlich): .... Feiertage!

k) (viel): .... Glückwünsche zur Hochzeit!

l) (gut): .... Appetit!

m) (freundlich): .... Grüße!

n) (gesund, glücklich): .... und .... Neues Jahr!

o) (erholsam): .... Urlaub!

p) (fröhlich): .... Weihnachten!

q) (froh): .... Fest!

B1

Nominativ, Akkusativ und Dativ

4 Was bekommt man am Kiosk? Ordnen Sie zu und ergänzen Sie die Endungen der Adjektive.

1) Bei uns bekommen Sie...	a) viele kostenlos.... Flyer zu aktuell........ Veranstaltungen in der Stadt aus.
2) Wir sind international und verkaufen auch...	b) eine klein.... Auswahl an günstig........ Lebensmitteln anbieten.
3) Gerne können Sie bei uns auch...	c) manch stressig........ Einkauf nach der Arbeit verzichten.
4) Wenn Ihnen am Wochenende etwas fehlt, können wir Ihnen...	d) regional e Tageszeitungen.
5) So können Sie auf...	e) preiswert.... Süßigkeiten und lecker........ Eis.
6) An unserer Kasse liegen außerdem...	f) mehr ausländisch.... Zeitschriften an.
7) In Kürze bieten wir Ihnen auch...	g) fremdsprachig.... Zeitungen.
8) Für die Kinder gibt es...	h) klein.... Pakete zum Verschicken abgeben.

1) d 2) .... 3) .... 4) .... 5) .... 6) .... 7) .... 8) ....

Nominativ, Akkusativ, Dativ und Genitiv

B1

5 Wohnung oder Zimmer zu vermieten. Welches Adjektiv passt? Ergänzen Sie auch die Endungen.

Manchmal sind mehrere Antworten möglich.

a) sonnig - hell

Helle Dreizimmerwohnung (63 qm) mit sonnigem Balkon, ab sofort, **540 € kalt.**

b) wunderschön - groß - weiblich - gut - möbliert

.... **WG-Zimmer** an .... Person zu vermieten, Parkett, ... Gemeinschaftszimmer, ... Gemeinschaftsgarten, ... Einkaufsmöglichkeiten, **280 € warm.**

c) nächst- - schön - groß - sauber - hoch

.... **Altbau-Zimmer** (25 qm) mit .... Decken und .... Fenstern in .... WG ab Anfang .... Monats zu vermieten, **420 € warm.**

d) zentral - groß

.... **Appartement** im Erdgeschoss mit .... Terrasse ab 1. Juli für **450 € kalt.**

e) hell - lustig - neu

Wir suchen .... Mitbewohnerin für .... Zimmer in .... Studentinnen-WG, **230 € warm.**

f) ruhig - riesig - geräumig - sympathisch - schön

.... **Haus** in .... Umgebung mit .... Garten und .... Keller an .... Familie zu vermieten.

g) klein - eigen - möbliert -zentral

.... , ... **Einzimmerwohnung** in .... Lage mit .... Tiefgaragenplatz, von privat, **750 € kalt.**

4 | Die Deklination von gesteigerten Adjektiven

- Die meisten Adjektive können gesteigert werden. Es gibt zwei Stufen der Steigerung:

Positiv (= Grundform)	**Komparativ**	**Superlativ**
klein	*kleiner*	*am kleinsten*
Katja ist klein.	*Mathilda ist kleiner.*	*Klara ist am kleinsten.*

- Adjektive im Komparativ und Superlativ können, wie andere Adjektive auch, **vor Substantiven** stehen. Dann haben sie eine Endung, d. h.: Sie werden wie Substantive dekliniert. Die Deklination des gesteigerten Adjektivs ist abhängig vom **Genus** (maskulin, feminin, neutral) und **Kasus** (Nominativ, Akkusativ, Dativ, Genitiv) des Substantivs und vom **Artikelwort.**

- Die Adjektive im Komparativ und im Superlativ bekommen vor einem Substantiv die gleichen Endungen wie die anderen Adjektive im Positiv (Grundform):

	Nominativ	**Artikel**	**Positiv**	**Komparativ: -er-**	**Superlativ: -st-**
Sg.	maskulin	*bestimmt* *unbestimmt*	*der kleine Hund* *ein kleiner Hund*	*der kleinere Hund* *ein kleinerer Hund*	*der kleinste Hund* –
	neutral	*bestimmt* *unbestimmt*	*das kleine Pferd* *ein kleines Pferd*	*das kleinere Pferd* *ein kleineres Pferd*	*das kleinste Pferd* –
	feminin	*bestimmt* *unbestimmt*	*die kleine Katze* *eine kleine Katze*	*die kleinere Katze* *eine kleinere Katze*	*die kleinste Katze* –
Pl.	maskulin	*bestimmt* *unbestimmt*	*die kleinen Hunde* *– kleine Hunde*	*die kleineren Hunde* *– kleinere Hunde*	*die kleinsten Hunde* –
	neutral	*bestimmt* *unbestimmt*	*die kleinen Pferde* *– kleine Pferde*	*die kleineren Pferde* *– kleinere Pferde*	*die kleinsten Pferde* –
	feminin	*bestimmt* *unbestimmt*	*die kleinen Katzen* *– kleine Katzen*	*die kleineren Katzen* *– kleinere Katzen*	*die kleinsten Katzen* –

- **Achtung:** Die Adjektive im **Superlativ** können nur mit dem bestimmten Artikel oder dem Possessivartikel stehen: **der** *kleinste Hund* / **mein** *kleinster Hund*

Achtung:

mehr und **weniger** bekommen vor einem Substantiv **keine** Endung:

*Anne hat **mehr** Kuchen gegessen als Julia, aber **weniger** Kekse.*

Bei Adjektiven auf **-er** und **-el** entfällt im Komparativ meist das **-e-**:

teu**er** ➤ *das teu**r**ere Kleid*
dunk**el** ➤ *das dunk**l**ere Zimmer*

Aber: Bei **sauber** und **lecker** bleibt das **-e-**:

saub**er** ➤ *die saub**ere**re Tasse*
leck**er** ➤ *das leck**ere**re Essen*

Auch Adjektive, die auf **-e** enden, verlieren das **-e**:

müd**e** ➤ *das müd**ere** Mädchen*

(müde + **er** = müd~~e~~er + Deklinationsendung ➤ das müd~~e~~ere Mädchen)

Das Adjektiv **hoch** verliert im Komparativ das **-c-**:

hoch ➤ *das hö**h**ere Haus*

Im Superlativ bleibt das -ch- von **hoch** stehen:

hoch ➤ *das hö**ch**ste Haus*

Adjektive auf **-d, -t, -tz, -z, -s, -ss, -sch, -ß** und **-x** bekommen im Superlativ ein **-e-** vor dem **-st-**:

Positiv		**Komparativ**	**Superlativ**
wild	*der wilde Tiger*	*der wild**ere** Tiger*	*der wild**este** Tiger*
nett	*die nette Nachbarin*	*die nett**ere** Nachbarin*	*die nett**este** Nachbarin*
spitz	*der spitze Nagel*	*der spitz**ere** Nagel*	*der spitz**este** Nagel*
stolz	*der stolze Blick*	*der stolz**ere** Blick*	*der stolz**este** Blick*
krass	*die krasse Entscheidung*	*die krass**ere** Entscheidung*	*die krass**este** Entscheidung*
frisch	*der frische Salat*	*der frisch**ere** Salat*	*der frisch**este** Salat*
süß	*der süße Nachtisch*	*der süß**ere** Nachtisch*	*der süß**este** Nachtisch*
fix	*der fixe Junge*	*der fix**ere** Junge*	*der fix**este** Junge*

Ausnahme: groß ➤ *das größte Haus*

Unregelmäßige Formen:

Positiv	Komparativ	Superlativ
gern	***lieber***	*am **liebsten**, der **liebste***
gut	***besser***	*am **besten**, der **beste***
viel	***mehr***	*am **meisten**, der **meiste***

Tipp: gern kann nur mit einem Verb benutzt werden, aber nicht vor einem Substantiv: *Das mache ich* ***gern.***

Nominativ

A2 **1 Bilden Sie das Adjektiv im Komparativ und im Superlativ.**

Tipp: Der Superlativ hat immer den bestimmten Artikel oder den Possessivartikel.

a) die glückliche Frau — *die glücklichere Frau* / *die glücklichste Frau*

b) ein gutes Essen ....

c) die interessanten Bücher ....

d) ein spitzer Bleistift ....

e) die schönen Bilder ....

f) der kurze Weg ....

g) das wertvolle Geschirr ....

h) der kalte Winter ....

....

i) ein heißer Sommer ....

....

j) die komplizierte Aufgabe ....

....

k) eine junge Katze ....

....

Akkusativ

B1 **2 Ein unzufriedener Gast im Restaurant. Schreiben Sie die Sätze mit dem Adjektiv im Komparativ und dem unbestimmten Artikel.**

Was möchte der Gast?

a) Der Tisch ist nicht groß genug.

Er möchte einen größeren Tisch.

b) Die Bedienung ist nicht schnell genug.

Er möchte ....

c) Der Stuhl ist nicht bequem genug.

....

d) Der Teller ist nicht sauber genug.

....

e) Die Suppe ist nicht heiß genug.

....

f) Der Salat ist nicht frisch genug.

....

g) Das Messer ist nicht scharf genug.

....

h) Das Steak ist nicht zart genug.

....

Tipp: Das Adjektiv **zart** bekommt keinen Umlaut im Komparativ und Superlativ.

B1

3 Auf dem Flohmarkt. Beenden Sie die Sätze mit dem Adjektiv im Superlativ.

Auf dem Flohmarkt gibt es ...

a) die günstigste Kinderkleidung. (günstige Kinderkleidung)

b) .... (billiges Geschirr)

c) .... (schöne Bilderrahmen)

d) .... (altmodischen Schmuck)

Tipp: Kein zusätzliches **-e-** im Superlativ!

e) .... (preiswertes Spielzeug)

f) .... (lustige Tassen)

g) .... (große Auswahl an CDs)

h) .... (merkwürdige Dinge)

Dativ

B1

4 Viele Vergleiche. Ergänzen Sie die Adjektive im Komparativ in der richtigen Form.

a) Der Lehrer gibt dem stärkeren (stark) Schüler eine schwierige Übung und dem .... (schwach) Schüler einen Tipp, wie er sich verbessern kann.

b) Die Grundschüler sitzen auf .... (klein) Stühlen als die Schüler in den Berufsschulen.

c) Die Katze schleicht der .... (langsam) Maus hinterher, aber nicht der .... (schnell) Maus.

d) Keine Verbindung! Hani telefoniert in einem .... (schlecht) Netz als Khalid.

e) Unsere Leitungen sind alle belegt. Bitte rufen Sie zu einem .... (spät) Zeitpunkt wieder an.

f) In .... (tief) Wasser ist es kälter als in .... (flach) Wasser.

g) Auf dem .... (alt) Foto lächelt Nadya mit einem .... (freundlich) Gesicht als auf dem .... (neu) Foto.

h) Bei .... (hell) Licht kann Julikas Oma besser lesen als bei .... (dunkel) Licht.

B1

5 Das Sommerfest in unserer Stadt. Bilden Sie die Adjektive im Superlativ.

Tipp: Vergessen Sie nicht den bestimmten Artikel (der, das, die) in der richtigen Form.

Es ist das schönste Fest des Jahres mit ...

a) dem leckersten Popcorn. (lecker, Popcorn)

b) .... (süß, Zuckerwatte)

c) .... (schnell, Achterbahn)

d) .... (alt, Kinderkarussell)

e) .... (frisch, Obstspieße mit Schokolade)
....

f) .... (gut, Musik)

g) .... (viel, Besucher, Pl.)

h) .... (bunt, Feuerwerk) zum Schluss.

Genitiv

B1 **6 Einer der größten Parks. Suchen Sie das passende Adjektiv und ergänzen Sie es im Superlativ in der richtigen Form.**

lecker – modern – ruhig – schön – ~~groß~~ – schwierig – hoch – laut

a) Der Englische Garten in München ist einer der größten Parks in Deutschland.

b) Der Fernsehturm ist einer der .... Türme in unserem Bundesland.

c) Die Arztpraxis von Dr. Bott ist eine der .... Arztpraxen in unserem Viertel.

d) Das Brot bei Bäcker Müller ist eines der .... Brote in der ganzen Stadt.

e) Das Fach Mathematik ist eines der .... Fächer, die Hannah in der Schule lernen muss.

f) Das Zimmer zum Garten ist eines der .... Zimmer in unserem Hotel.

g) Die Stimme von Silvio ist eine der .... im gesamten Chor.

h) Der kleine Strand in dem hübschen Dorf an der Südküste ist einer der

.... Strände in Spanien.

Nominativ – Akkusativ – Dativ – Genitiv

B1 **7 Was gibt es in unserer Stadt? Ergänzen Sie die Adjektive im Komparativ oder Superlativ.**

a)

Im Friseursalon Schnittig

bekommen Sie die tollsten (toll) Haarschnitte vom .... (cool) Team der Stadt. Wir färben Ihnen auch die Haare mit den .... (modern) Methoden und der .... (schön) Farbauswahl zu .... (günstig) Preisen als Sie denken.

b) **Kommen Sie ins Fitnessstudio „Superfit".**

Wir bieten Ihnen ein .... (hart) Training als je zuvor an den .... (neu) Geräten. Unsere Trainerinnen und Trainer betreuen Sie individuell und mit der .... (professionell) Methode. Wir garantieren Ihnen eine .... (gut) Kondition und einen .... (fit) Körper bei den .... (preiswert) Beiträgen.

Tipp: Adjektive aus dem Englischen können im Komparativ und Superlativ den Konsonanten verdoppeln: *fit – fi**tt**er – am fi**tt**esten; hip – hi**pp**er – am hi**p(p)**sten.*

c) **Die Salat-Bar „Knackig und Frisch":**

Die .... (hip) Salat-Bar mit dem .... (frisch) Gemüse, Fleisch und Fisch. Stellen Sie sich selbst den .... (köstlich) Salat zusammen mit den .... (gesund) Zutaten aus der Region. Eine .... (gut) Wahl für Ihre Mittagspause können Sie beim .... (gut) Willen nicht treffen.

d) **Umzug geplant? Die Umzugshelfer.**

Wir helfen Ihnen auch bei den .... (eng) Fluren, den .... (hoch) Stockwerken und den .... (schwer) Kisten. Wir kommen mit den .... (zuverlässig), ... (fleißig) und .... (stark) Männern und bauen auch .... (groß) Möbelstücke ab und später wieder auf. Wir bieten die .... (fair) Preise.

e) **Die Tanzschule „... fünf, sechs, sieben, acht":**

Die .... (sympathisch) und .... (beliebt) Tanzschule weit und breit. Tanzt bei uns die .... (schön), ... (elegant) und .... (anspruchsvoll) Tänze nach den .... (neu) Trends zur .... (aktuell) Musik. Wir bieten Kurse sowohl für .... (fortgeschritten) Tänzerinnen und Tänzern als auch für Tänzerinnen und Tänzer mit einem .... (niedrig) Niveau.

B1

8 Mein, dein, unser größtes, schönstes ... Unterstreichen Sie die richtige Form.

a) Auf seiner größten / größte / größter Wiese hat der Bauer fünfzig Kühe.

b) Sie erhalten unser **günstigsten / günstigstes / günstigste** Angebot zu einem fairen Preis.

c) Mein **kleinstem / kleinsten / kleinster** Bruder geht noch in den Kindergarten.

d) Seine **beste / bester / bestes** Zensur bei der Abschlussprüfung hat Carlos in Mathe bekommen.

e) Die Schneiders haben ihren **längstes / längster / längsten** Urlaub in Griechenland verbracht.

f) Der Komponist ist verzweifelt: Die Noten seines **berühmtesten / berühmtestes / berühmtester** Stückes sind verschwunden.

g) Der Detektiv ist zufrieden: Er hat gerade seinen **schwierigste / schwierigsten / schwierigster** Auftrag gelöst.

h) Hannah, erzähl' uns doch mal von deinem **lustigstes / lustigstem / lustigsten** Erlebnis im letzten Jahr.

i) Der Tod seiner **liebsten / liebste / liebster** Tante hat Enno sehr traurig gemacht.

j) Das Büro unserer **jüngste / jüngsten / jüngster** Kollegin ist im 3. Stock auf der rechten Seite.

k) Wir senden euch unsere **besten / beste / bester** Wünsche.

l) Sein **häufigstes / häufigste / häufigster** Fehler sind die Endungen bei der Adjektivdeklination.

m) Eine ihrer **schönste / schönsten / schönster** Erinnerungen an die Kindheit ist der große Garten der Großmutter.

n) Mit ihrem **neuesten / neuester / neuestem** Film hat die berühmte Schauspielerin sehr großen Erfolg.

o) „Mein **bekanntestes / bekanntester / bekannteste** Buch wurde in sehr vielen Ländern verkauft", sagte der Autor.

B1

9 Notieren Sie die Sätze im Komparativ und im Superlativ.

Nicht vergessen: Bestimmter Artikel beim Superlativ! 

a) gut: Das ist ein gutes Ergebnis.

Komparativ: *Das ist ein besseres Ergebnis.*

Superlativ: *Das ist das beste Ergebnis.*

b) viel: Karim hat viele Freunde.

Komparativ: ....

Superlativ: ....

c) schnell: Parwaiz liebt schnelle Autos.

Komparativ: ....

Superlativ: ....

d) ruhig: Ich wohne in einem ruhigen Haus.

Komparativ: ....

Superlativ: ....

5 | Die Deklination von Partizip I und Partizip II

- Das Partizip I und das Partizip II kann man wie Adjektive verwenden. Beide werden also auch wie Adjektive dekliniert, wenn sie **vor Substantiven** stehen. Dann haben sie eine Endung, d. h.: Sie werden wie Substantive dekliniert. Die Deklination des Partizips als Adjektiv ist abhängig vom **Genus** (maskulin, feminin, neutral) und **Kasus** (Nominativ, Akkusativ, Dativ, Genitiv) des Substantivs und vom **Artikelwort.**

Infinitiv	lesen	
Partizip I (Partizip Präsens)	lesend: *die **lesende** Frau* = Die Frau, *die gerade liest.* (Relativsatz)	Das Partizip I beschreibt etwas, das jetzt gerade passiert. Man kann es mit einem Relativsatz umschreiben.
Partizip II (Partizip Perfekt)	gelesen: *das **gelesene** Buch* = Das Buch *wurde gelesen.* (Passiv im Präteritum)	Das Partizip II beschreibt etwas, das schon passiert ist. Man kann es mit der Passivform im Präteritum umschreiben.

- Die **Formen** werden so gebildet:

Partizip I:
Infinitiv + **d + Adjektivendung** — kochen **+ d + e** ➤ *das koche**nde** Wasser*

Partizip II:
Partizip Perfekt + **Adjektivendung** — gekocht **+ e** ➤ *das gekocht**e** Gemüse*

Achtung:
Bei manchen Verben kann das Partizip II nicht als Adjektiv verwendet werden, z. B. bei haben und sein und bei antworten, arbeiten, danken, gefallen, schlafen, sitzen.

- Die Partizipien können auch durch zusätzliche Angaben **erweitert** werden:

*Der **gerade** eingefahrene Zug fährt um 13:25 Uhr weiter nach Hamburg.*
*Mein **gestern** gekauftes Fahrrad hat schon ein Loch im Reifen.*
*Der **am schönsten** singende Kinderchor erhält einen Preis.*

Erweiterte Partizipien kommen in der Umgangssprache selten vor. Sie werden hauptsächlich in der Schriftsprache verwendet.

Nominativ

B1

1 Kochend oder gekocht? Bilden Sie das Partizip I und das Partizip II mit dem bestimmten und dem unbestimmten Artikel.

a) kochen

das kochende Ei	das gekochte Ei
ein kochendes Ei	ein gekochtes Ei

b) grillen

der .... Mann	das .... Würstchen
ein .... Mann	ein .... Würstchen

c) frieren

die .... Frau	das .... Eis
eine .... Frau	ein .... Eis

d) hacken

<table>
<tr><td>
der .... Mann
ein .... Mann</td><td>
die .... Zwiebel
eine .... Zwiebel</td></tr>
</table>

e) braten

<table>
<tr><td>
der .... Fisch
ein .... Fisch</td><td>
der .... Fisch
ein .... Fisch</td></tr>
</table>

f) malen

<table>
<tr><td>
das .... Kind
ein .... Kind</td><td>
das .... Bild
ein .... Bild</td></tr>
</table>

B1

2 Was ist was? Bilden Sie das Partizip I und ergänzen Sie die richtige Adjektivendung.

a) Eine Blume, die blüht, ist eine blühende Blume

b) Ein Zug, der abfährt, ist ein .... Zug.

c) Kinder, die spielen, sind .... Kinder.

d) Eine Frau, die winkt, ist eine .... Frau.

e) Ein Handy, das klingelt, ist ein .... Handy.

f) Ein Auto, das parkt, ist ein .... Auto.

g) Ein Vogel, der singt, ist ein .... Vogel.

h) Ein Mädchen, das hustet, ist ein .... Mädchen.

i) Eine Katze, die schläft, ist eine .... Katze.

B1

3 Ein Einbruch. Formulieren Sie um und benutzen Sie das Partizip II. Achten Sie auf die Adjektivendungen.

a) Das Ehepaar war verreist. das verreiste Ehepaar

b) Die Diebe haben die Tür aufgebrochen. ....

c) Sie haben den Tresor geöffnet. ....

d) Der Schmuck ist gestohlen worden. ....

e) Die Täter sind geflohen. ....

f) Die Einbrecher haben den Schmuck verkauft. ....

g) Nach zwei Monaten hat die Polizei die Täter gefasst. ....

h) Die Täter wurden verurteilt. ....

B1 **4 Die heutigen Empfehlungen in unserem Restaurant. Ergänzen Sie die Partizipien I und II mit den richtigen Adjektivendungen.**

Auf unserer Speisekarte stehen heute für Sie:

a) pflücken – Frisch gepflückte Blattsalate

b) einlegen – .... Schafskäse mit Brot

c) schmelzen – Gemüse der Saison mit .... Käse

d) machen – Selbst .... Nudeln

e) grillen – .... Forelle

f) würfeln – Fein .... Bratkartoffeln mit Speck

Für den kleinen Hunger:

g) belegen – .... Brötchen

Und als Nachspeise:

h) überziehen – Mit Schokolade .... Erdbeeren

i) backen – Unser selbst .... Apfelkuchen mit Schlagsahne

j) duften – .... Kekse

k) braten – .... Banane mit Schokosoße

Für den Durst:

l) erfrischen – .... Mineralwasser

m) pressen – Frisch .... Orangensaft

n) rösten – Schonend .... Kaffee

o) kühlen – Gut .... Sekt

p) mixen – Frisch .... Cocktails

B1

5 Welche Bedeutung ist richtig: 1 oder 2? Kreuzen Sie an.

a) das geliehene Buch
(1) jemand leiht das Buch
(X) jemand hat das Buch geliehen

b) eine bemalte Tasse
(1) die Tasse wurde bemalt
(2) jemand bemalt die Tasse

c) ein rennendes Kind
(1) ein Kind ist gerannt
(2) ein Kind rennt

d) der gepflegte Rasen
(1) jemand pflegt den Rasen
(2) der Rasen ist gepflegt

e) die geschnittenen Haare
(1) die Haare sind geschnitten worden
(2) jemand schneidet die Haare

f) die lachenden Jugendlichen
(1) die Jugendlichen lachen
(2) die Jugendlichen haben gelacht

g) ein gedeckter Tisch
(1) jemand deckt einen Tisch
(2) ein Tisch wurde gedeckt

h) gebrauchte Winterreifen
(1) die Winterreifen werden jetzt gebraucht
(2) die Winterreifen sind schon gebraucht worden

i) ein schlafendes Baby
(1) ein Baby schläft
(2) ein Baby hat geschlafen

j) steigende Preise
(1) die Preise sind gestiegen
(2) die Preise steigen

k) die gepflanzten Bäume
(1) die Bäume sind gepflanzt worden
(2) jemand pflanzt die Bäume

Akkusativ

B1

6 Vom Nominativ zum Akkusativ.
Ergänzen Sie die als Adjektiv verwendeten Partizipien in der richtigen Form nach dem bestimmten und dem unbestimmten Artikel.

Infinitiv	Partizip I	im Nominativ	im Akkusativ
springen	springend	der springende Tiger ein springender Tiger	den springenden Tiger einen springenden Tiger
stechen	....	der .... Schmerz ein .... Schmerz	den .... Schmerz einen .... Schmerz
klingeln	....	das .... Telefon ein .... Telefon	das .... Telefon ein .... Telefon
stoppen	....	die .... Bewegung eine .... Bewegung	die .... Bewegung eine .... Bewegung

Infinitiv	Partizip II	im Nominativ	im Akkusativ
über-weisen	....	der .... Betrag ein .... Betrag	den .... Betrag einen .... Betrag

auf-räumen	....	das .... Zimmer ein .... Zimmer	das .... Zimmer ein .... Zimmer
bezahlen	....	die .... Rechnung eine .... Rechnung	die .... Rechnung eine .... Rechnung

B1

7 Anton ist in Eile. Partizip I oder II? Unterstreichen Sie die richtige Form.

Anton hat den (1) klingelnden / geklingelten Wecker nicht gehört. Er hat keine Zeit mehr, das von seiner Mutter (2) vorbereitende / vorbereitete Müsli ganz aufzuessen. Sie hatte die (3) raspelnde / geraspelte Schokolode und die (4) trocknenden / getrockneten Früchten, die er so gerne isst, dieses Mal sogar nicht vergessen. Er zieht schnell seine in der letzten Woche (5) kaufende / gekaufte neue Jacke an, die von Oma (6) strickenden / gestrickten Handschuhe und setzt sich den von seinen Eltern (7) schenkenden / geschenkten Fahrradhelm auf. Draußen steigt er auf sein gerade (8) reparierendes / repariertes Fahrrad und fährt die am Rand mit Bäumen (9) bepflanzende / bepflanzte Straße entlang. Plötzlich biegt ein Auto um die Ecke, Anton sieht den schnell (10) fahrenden / gefahrenen Wagen nicht rechtzeitig, weil er die (11) verlierende / verlorene Zeit wieder aufholen will. Er achtet nicht mehr auf das (12) hupende / gehupte Auto und hört auch nicht die (13) quietschenden / gequietschten Bremsen. Das Auto kann noch stoppen und berührt den sich (14) erschreckenden / erschreckten Anton nicht. Aber Anton stürzt vom Rad. Der Autofahrer kümmert sich nun um den vom Fahrrad (15) fallenden / gefallenen Jungen. Anton hat sich zum Glück nur am Bein wehgetan. Der Mann bringt den leicht (16) verletzenden / verletzten Jungen zurück zu seinen Eltern. Der Vater ruft in der Schule an und entschuldigt den heute zu Hause (17) bleibenden / gebliebenen Anton.

Dativ

B1 8 **Vom Nominativ zum Dativ. Formen Sie die Relativsätze um. Bilden Sie dabei das Partizip I oder das Partizip II und achten Sie auf den richtigen Kasus.**

a) Die Wohnung, die aufgeräumt wurde, sieht jetzt sehr schön aus.

Nominativ: Die aufgeräumte Wohnung sieht jetzt sehr schön aus.

Lisa fühlt sich sehr wohl in ihrer Wohnung, die aufgeräumt wurde.

Dativ: Lisa fühlt sich in der aufgeräumten Wohnung sehr wohl.

b) Das Kind weint und ruft nach seiner Mutter.

Nominativ: ....

Die Mutter gibt dem Kind, das weint, einen Kuss.

Dativ: ....

c) Das Auto, das falsch geparkt wurde, wird jetzt abgeschleppt.

Nominativ: ....

Der Abschleppdienst fährt mit dem Auto, das falsch geparkt wurde, davon.

Dativ: ....

d) Der Biergarten, der wieder geöffnet hat, hat sehr viel Werbung in der Zeitung gemacht.

Nominativ: ....

Am Freitagabend essen wir in einem Biergarten, der wieder geöffnet hat.

Dativ: ....

....

B1 **9 Was klappt da nicht? Füllen Sie die Lücken mit dem richtigen Partizip I oder Partizip II. Streichen Sie die verwendeten Wörter im Wortspeicher durch.**

installierten – vergangenen – verschwundenen – ~~funktionierenden~~ – erreichenden – gestarteten – aufgeladenen – genervten – heruntergefahrenen – gespeicherten

a) Ben hat ein Problem mit seinem nicht richtig *funktionierenden* Computer.

b) Sein Freund Ali will dem .... Ben helfen und startet den Computer neu.

c) Auf dem wieder .... Computer sieht jetzt aber alles anders aus.

d) Ali und Ben suchen nach den zuletzt .... Programmen. Ohne Erfolg.

e) Sie können die Programme nicht finden. Mit .... Programmen hatten sie nicht gerechnet.

f) Von den .... Dokumenten sind aber zum Glück noch alle da.

g) Sie müssen dennoch jetzt bei einem schnell zu .... PC-Hilfe-Dienst anrufen.

h) Aber jetzt hat Ben auch noch sein Handy seit dem .... Tag nicht aufgeladen.

i) Telefonieren klappt aber nur mit einem .... Handy.

j) Sie machen den Computer nun aus. Mit dem .... Computer machen sie sich dann auf den Weg zum PC-Hilfe-Dienst.

Akkusativ, Dativ, Genitiv

B1

10 Was passiert danach? Bilden Sie das Partizip II aus den Verben im ersten Satz und ergänzen Sie es mit der richtigen Adjektivendung.

a) Die Männer in der Werkstatt reparieren das Auto. Das ...reparierte... Auto können wir übermorgen abholen.

b) Das große Kaufhaus in der Stadt reduziert nächste Woche viele Schuhe. Wegen der .... Schuhe fährt Teresa Montag extra in die Stadt.

c) Silvia brät ein Ei und kocht Kartoffeln. Das .... Ei isst sie mit den .... Kartoffeln.

d) Issa kauft Obst auf dem Markt. Aus dem .... Obst macht er einen Obstsalat.

e) Lisa und Johannes backen einen Kuchen. Nach 30 Minuten können sie den .... Kuchen aus dem Ofen holen.

f) Sie öffnen die Backofentür. Aus der .... Backofentür duftet es wunderbar.

g) Alle Schüler möchten die Prüfung bestehen. Es hat geklappt: Herzlichen Glückwunsch zur .... Prüfung!

h) Ein Zug kommt im Bahnhof an. Er hält, aber die Türen des .... Zuges sind noch nicht geöffnet.

Nominativ, Akkusativ, Dativ, Genitiv

B1

11 Eine Geburtstagsfeier mit Startschwierigkeiten. Bilden Sie das Partizip I oder das Partizip II mit den richtigen Adjektivendungen.

Dies ist die selbst (1) Geschichte von Clara:

Am (2) Samstag hatte Clara Geburtstag. Die seit Langem (3) Feier sollte am Nachmittag im Garten stattfinden. Aber es begann zu regnen, und (4) Regen ist keine (5) Aussicht für ein (6) Gartenfest. Trotz des (7) Regens schlug Claras Freund einen (8) Plan vor: Wenn der Regen in einer halben Stunde aufhört, verschieben sie das für den Nachmittag (9) Fest auf den Abend.
Schnell benachrichtigten sie alle (10) Freunde. Sie hatten Glück: Bei (11) Sonne und (12) Kerzen feierte Clara mit fast allen (13) Freunden. So wurde das (14) Fest doch noch ein (15) Erfolg und ein (16) Abend für alle.

1. A) ◯ lebende
   B) ◯ gelebte
   C) ☒ erlebte

2. A) ◯ vergangenen
   B) ◯ vergehenden
   C) ◯ vergangene

3. A) ◯ geplante
   B) ◯ geplanten
   C) ◯ planenden

4. A) ◯ strömendem
   B) ◯ strömender
   C) ◯ strömende

5. A) ◯ gewünschter
   B) ◯ wünschende
   C) ◯ gewünschte

6. A) ◯ gelungene
   B) ◯ gelingender
   C) ◯ gelungenes

7. A) ◯ dauerndes
   B) ◯ dauernden
   C) ◯ gedauerten

8. A) ◯ motivierten
   B) ◯ motivierenden
   C) ◯ motivierte

9. A) ◯ angekündigte
   B) ◯ angekündigter
   C) ◯ angekündigtes

10. A) ◯ einladende
    B) ◯ eingeladenen
    C) ◯ eingeladene

11. A) ◯ untergehender
    B) ◯ untergehende
    C) ◯ untergegangene

12. A) ◯ gebrannten
    B) ◯ brennende
    C) ◯ brennenden

13. A) ◯ geschätzte
    B) ◯ geschätzten
    C) ◯ schätzenden

14. A) ◯ verschobenes
    B) ◯ verschiebendes
    C) ◯ verschobene

15. A) ◯ überraschender
    B) ◯ überraschter
    C) ◯ überraschenden

16. A) ◯ vergnügter
    B) ◯ vergnügte
    C) ◯ vergnügende

6 | Die Deklination von Ordinalzahlen

- **Ordinalzahlen** sind Zahlwörter und werden so gebildet:

Von 1. – 19. mit **-te(r):**
*er**ster**, zwei**ter**, dri**tter**, vier**ter**, fünf**ter**, sechs**ter**, sieb**ter** (oder sieben**ter**), acht**er** (nur ein t), neun**ter**, zehn**ter**, elf**ter**, zwölf**ter** usw.*

Ab 20. mit **-ste(r):**
*zwanzig**ster**, einundzwanzig**ster**, zweiundzwanzig**ster** usw.*

- Ordinalzahlen werden wie Adjektive verwendet und auch so dekliniert. Die Deklination der Ordinalzahl ist abhängig vom **Genus** (maskulin, feminin, neutral) und **Kasus** (Nominativ, Akkusativ, Dativ, Genitiv) des Substantivs und vom **Artikelwort.**

	Nominativ	
1. – 19. + -te(r)	**bestimmter Artikel**	**unbestimmter Artikel**
maskulin	*der **erste** Schritt*	*ein **erster** Schritt*
neutral	*das **zweite** Heft*	*ein **zweites** Heft*
feminin	*die **dritte** Aufgabe*	*eine **dritte** Aufgabe*
ab 20. + -ste(r)		
maskulin	*der **zwanzigste** Versuch*	*ein **zwanzigster** Versuch*

- Als Ziffern schreibt man Ordinalzahlen so: **1., 2., 3.** usw.
- Für Datumsangaben verwendet man Ordinalzahlen: **1. 1., 1. 5., 3. 10., 24. 12.** usw.

Nominativ

B1

1 Welcher Tag ist heute? Schreiben Sie das Datum in Worten.

a) 6. 11. der sechste November

b) 20. 7. ……………………

c) 2. 8. ……………………

d) 29. 1. ....

e) 1. 4. ....

f) 5. 9. ....

g) 31. 3. ....

h) 3. 5. ....

Nominativ, Dativ

B1

2 Was ist im Juli? Ergänzen Sie die Ordinalzahlen als Zahlwörter.

Juli

1 Geburtstag Wafa	16
2	17 Party Hannah
3	18
4	19
5	20 Arzttermin Julia
6 Annette 30 Jahre	21
7	22
8	23
9	24
10 Konzert von Tina und Ben	25 Treppenhaus putzen Peter
11	26
12	27
13	28
14	29
15 Geburtstag Aaron und Ben	30 Hochzeitstag
	31

a) Wafa hat am ersten ..ersten.. Juli Geburtstag.

b) Der .... Juli ist Annettes .... Geburtstag.

c) Am .... Juli gehen wir am Abend in ein Klavierkonzert.

d) Aron und Ben haben am gleichen Tag Geburtstag: am .... Juli.

e) Hannah macht ihre Party am Samstag, das ist der .... Juli.

f) Der Arzttermin von Julia ist erst am .... Juli.

g) In der Woche vom .... bis zum .... Juli muss Peter das Treppenhaus putzen.

h) Am .... Juli bekomme ich immer einen Blumenstrauß. Das ist unser Hochzeitstag.

Nominativ, Dativ, Akkusativ

B1 **3 Notieren Sie die Ordinalzahlen als Zahlwörter mit der richtigen Endung.**

a) Seit 1990 ist der ...dritte... (3.) Oktober, der Tag der Deutschen Einheit, ein gesetzlicher Feiertag in Deutschland.

b) Julika geht schon in die .... (7.) Klasse. Als sie noch in der .... (2.) Klasse war, war sie wirklich noch ein Kind.

c) Im .... (17.) Jahrhundert gab es noch nicht so viele Menschen auf der Welt wie heute.

d) Es gibt nur drei Möglichkeiten. Eine .... (4.) Möglichkeit fällt mir nicht ein.

e) Sie joggt jeden Tag sechs Runden durch den Park, manchmal schafft sie auch eine .... (7.) Runde.

f) Dieses Jahr fallen die Osterfeiertage auf den .... (12.) und .... (13.) April.

g) Wir machen Sommerferien: In der Zeit vom .... (30.) Juni bis zum .... (8.) August bleibt unser Restaurant geschlossen.

h) Heute habe ich Ihren Brief vom .... (11.) Mai erhalten.

i) ● Hättest du das Buch nicht am .... (16.) wieder zurück in die Bibliothek bringen müssen?
○ Den Wievielten haben wir denn heute?
● Heute ist doch schon der .... (18.), oder?

Nominativ, Akkusativ, Dativ, Genitiv

B1 **4 Fragen und Antworten. Ordnen Sie die Fragen den passenden Antworten zu. Notieren Sie die Ordinalzahlen in der richtigen Kasusform.**

1) Weißt du noch, was wir für den ersten Mai geplant haben?

2) Ich suche meinen .... (2.) Turnschuh. Hast du ihn gesehen?

3) Haben Sie am .... (22.) Mai noch einen Termin zum Haareschneiden frei?

4) Hast du die .... (1.) Folge der neuen TV-Serie gesehen?

a) Dein .... (2.) Turnschuh liegt unter dem Sofa.

b) Nein, der .... (22.) ist leider schon komplett ausgebucht.

c) Ja, die war super, ich freue mich schon auf die .... (2.).

d) Wir wollten am ersten Mai eine Radtour mit Paula und Niklas machen.

5) Nehmen wir den Fahrstuhl? Wir müssen nämlich in die .... (9.) Etage.

6) Was macht ihr in der .... (5.) und .... (6.) Woche in den Sommerferien?

7) Trotz einer .... (2.) Chance, hat er die Prüfung nicht geschafft.

8) Carla und Theo bekommen nächsten Monat schon ihr .... (4.) Kind, oder?

9) Hast du schon das .... (3.) Stück Torte gegessen?

10) Muss ich es dir jetzt schon zum .... (100.) Mal sagen? Räum endlich dein Zimmer auf!

e) Ja genau, und wegen ihres .... (4.) Kindes kaufen sie sich jetzt auch ein größeres Auto.

f) Ich glaube ja, auf ein .... (4.) Stück sollte ich lieber verzichten.

g) Schade, glaubst du, dass er noch eine .... (3.) Chance bekommt?

h) Das höre ich heute aber erst zum .... (3.) Mal von dir.

i) Während der .... (5.) und .... (6.) Woche sind wir an der Nordsee.

j) Ja, auf jeden Fall. Von der .... (9.) Etage hat man sicher einen schönen Blick auf die Stadt.

1) d 2) ..... 3) ..... 4) ..... 5) ..... 6) ..... 7) ..... 8) ..... 9) ..... 10) .....

Lösungen

1 | Die Adjektivdeklination nach dem unbestimmten Artikel

1 2g eine leere Tasse 3a ein langer Löffel 4e ein großer Becher 5h ein tiefer Teller 6d ein volles Glas 7f eine saubere Gabel 8b ein leckeres Essen

2 b) ein breites Regal c) ein runder Tisch d) ein schweres Bett e) ein bequemes Sofa f) ein neuer Fernseher g) eine moderne Lampe h) ein helles Zimmer

3 b) Das ist ein hohes Haus. c) Das sind teure Tickets. d) Das sind saure Gurken. e) Das sind alte Bäume. f) Das ist ein bekanntes Lied. g) Das ist ein langweiliges Buch. h) Das ist ein dünner Kaffee.

4 b) eine lange Schlange c) eine braune Kuh d) einen bunten Vogel e) einen riesigen Löwen f) ein großes Pferd g) eine wilde Ente h) eine junge Katze

5a) Lösungsvorschläge
b) ein rotes T-Shirt c) eine graue Bluse d) schwarze Schuhe e) eine warme Jacke f) einen dicken Mantel g) eine kurze Hose h) einen langen Rock

5b) individuelle Lösung

6 b) einem lila Roller c) einem schnellen Zug d) einem neuen Fahrrad e) einer vollen U-Bahn f) einem coolen Skateboard g) einem gelben Bus h) einem weißen Taxi

7 b) einem schönen Film c) einer langen Reise d) einem sonnigen Ausflug e) einer langweiligen Deutschstunde f) einem leckeren Essen g) einem heißen Tee h) einem schicken Kleid

8 b) hohe c) großen d) schönen e) dunklen f) alten g) kleines h) bunten

9 b) eines starken Sturmes c) einer großen Pause d) großer Supermärkte e) seines kranken Vaters f) eines neuen Jahres g) ihres kleinen Bruders h) seiner alten Eltern … eines dunklen Waldes

10 Das ist der Anfang einer interessanten Geschichte. Das Fell meiner jungen Katze ist sehr weich. Sie liegt auf dem Rasen unseres schönen Gartens. Die Katze sieht den Schwanz einer kleinen Maus am Ende des Gartens. Plötzlich verschwindet die Maus im Loch einer kaputten Mauer. Danach klettert meine Katze fast auf die Spitze unseres großen Apfelbaumes. Von dort kann sie alle Mäuse unseres kleinen Gartens gut sehen. Das ist schon das Ende einer kurzen Übung.

11 Am 1. Februar ziehen Zainab und Hossein mit ihren vier kleinen Kindern in eine schöne Wohnung im Zentrum. Sie dürfen sogar ihren süßen Hund mitnehmen. Die Wohnung ist im Erdgeschoss und hat einen sonnigen Garten und eine moderne Küche. Hossein ist glücklich, weil die Wohnung auch in der Nähe seiner neuen Arbeit und des städtischen Kindergartens seiner jüngeren Kinder ist. Die Wohnung hat zwar nur ein enges und dunkles Bad, aber ein großes Wohnzimmer mit hohen Fenstern. Obwohl sie im Erdgeschoss ist, hat sie helle Zimmer. Die Familie sucht noch günstige Möbel. Hat noch jemand einen gebrauchten Schrank und eventuell einen ausziehbaren Küchentisch?

2 | Die Adjektivdeklination nach dem bestimmten Artikel

1 b) die warme Sonne c) die dunklen Wolken d) der starke Regen e) der tiefe Schnee f) der blaue Himmel g) das laute Gewitter h) das glatte Eis

2 b) Ist das **der** lustige Nachbar? c) Ist das **die** teure Uhr? d) Sind das **die** wichtigen Papiere? e) Ist das **die** schwierige Aufgabe? f) Ist das **der** berühmte Sänger? g) Sind das **die** fleißigen Handwerker? h) Ist das **der** gültige Ausweis? i) Ist das **die** intelligente Auszubildende? j) Ist das **der** kaputte Aufzug? k) Ist das schon **die** nächste Haltestelle?

3 b) ... der leichte oder der schwere? c) ... die silberne oder die goldene? d) ... der sportliche oder der elegante? e) ... das rostige oder das kaputte? f) ... die lila oder die rosa? g) ... die bunte oder die rote? h) ... der kurze oder der lange?

4 b) Die helle oder die dunkle Jacke? c) Den schwarzen oder den braunen Gürtel? d) Den langen oder den kurzen Rock? e) Die gestreifte oder die schwarze Hose? f) Die bunte oder die einfarbige Bluse? g) Die hohen oder die niedrigen Turnschuhe? h) Das weite oder das enge Kleid?

5 b) Vielen Dank für das französische Parfüm. c) Vielen Dank für die vielen Süßigkeiten. d) Vielen Dank für den fantastischen Kalender. e) Vielen Dank für die große Torte. f) Vielen Dank für die schöne Kette. g) Vielen Dank für die praktische Kamera. h) Vielen Dank für den herzlichen Geburtstagsbrief.

6 b) Wo ist der graue Anzug? Den grauen Anzug habe ich in den Schrank gehängt. c) Wo sind die bunten Stifte? Die bunten Stifte habe ich in die Schublade gelegt. d) Wo ist die neue Brille? Die neue Brille habe ich in die Handtasche getan. e) Wo ist das große Handtuch? Das große Handtuch habe ich in das Badezimmer gehängt. f) Wo ist der dicke Schal? Den dicken Schal habe ich in die Kommode geräumt. g) Wo ist der aktuelle Stadtplan? Den aktuellen Stadtplan habe ich in das Auto gelegt. h) Wo ist die warme Decke? Die warme Decke habe ich in den Korb gelegt. i) Wo ist die alte Zeitung? Die alte Zeitung habe ich in den Papierkorb geworfen. j) Wo ist das große Fahrradschloss? Das große Fahrradschloss habe ich in die Garage getan. k) Wo ist das interessante Buch? Das interessante Buch habe ich in das Regal gestellt.

7 b) der neuen Wohnung c) dem hübschen Café d) den sonnigen Wochenenden e) dem schönen Park f) dem vielen Obst g) dem nahen Markt h) der stressigen Arbeit

8 Shirin hat sich zu dem neuen Deutschkurs, der am nächsten Montag anfängt, angemeldet. Dafür kauft sie in dem kleinen Geschäft in ihrer Straße noch ein. Mit der langen Liste von ihrer Lehrerin geht sie hinein. Bei den reduzierten Waren findet sie viele Dinge: Neben den preiswerten Heften und den günstigen Mappen findet sie noch Bleistifte auf dem hohen Regal zwischen den vielen anderen Stiften. Sie sucht noch nach den beliebten Kugelschreibern, aber ohne Erfolg. Die Verkäuferin sagt zu den ausverkauften Produkten, dass eventuell am Montag noch eine Lieferung kommt. Seit dem letzten Mittwoch warten sie schon darauf. In der langen Schlange vor der Kasse muss sie leider lange warten. Nach diesem intensiven Einkauf trinkt sie zu Hause in Ruhe eine Tasse mit dem leckeren Tee aus ihrer Heimat.

9 b) frischen; leckeren; roten c) warmen; milden; spanischen; letzte d) richtige e) vielen; guten f) köstliche; heißen; kalten; absolute g) guten; berühmte; h) reife i) wahre

10 b) wegen der verspäteten U-Bahn c) wegen des dringenden Termins d) wegen des kaputten Fahrrads e) wegen der vielen Hausaufgaben f) wegen des starken Sturmes g) wegen des kranken Sohnes h) wegen des plötzlichen Besuchs ihrer Schwester

11 Heute macht **der** neue Deutschkurs **die** schon lang ersehnte Führung durch **die** riesige Stadtbibliothek. Aufgrund **des** schlechten Wetters fahren sie mit **den** öffentlichen Verkehrsmitteln. **Die** fröhliche Gruppe trifft sich am hinteren Eingang **der** großen U-Bahn-Station Florastraße. Sie warten noch auf **die** letzten Kursteilnehmer. Endlich kommen sie: **der** kluge Jugendliche aus Afghanistan und **der** lustige irakische Mann. Beide jungen Männer haben sich sehr beeilt. **Die** automatischen Türen schließen, **die** volle U-Bahn fährt los und alle glücklichen Kursteilnehmer sind dabei. Trotz **der** kleinen Verspätung wartet **die** freundliche Mitarbeiterin in **der** großen Halle **der** städtischen Bibliothek noch auf sie. Nach **der** interessanten Führung gehen **die** nun hungrigen Deutschschüler in dasselbe nette Restaurant neben **dem** alten Rathaus, in **dem** sie beim letzten Ausflug waren. Wegen **des** kühlen Windes setzen sie sich aber nicht auf **die** sonnige Terrasse, sondern in jenen gemütlichen Raum **des** beliebten Restaurants, wo **der** lange Tisch steht. Alle haben dort Platz und genießen **das** gute Mittagessen.

12 b) Ahmad lernt für die schwere Prüfung. c) Dina fährt mit dem neuen Fahrrad zur Schule. d) Der Bruder des kleinen Mädchens heißt Paul. e) Die Frau mit den roten Haaren ist unsere Lehrerin. f) Die neuen Kollegen sind sehr nett.

3 | Die Adjektivdeklination ohne Artikelwort: Nullartikel

1 b) Holländischer Käse, c) Frische Bio-Eier, d) Lockeres, saftiges Weißbrot, e) Süße, helle Trauben, f) Argentinisches zartes Steak, g) Italienischer Rotwein, h) Heiße Gemüsesuppe

2 b) Lange oder kurze Kleider? Vorschlag: Ich mag lange Kleider lieber als kurze Kleider. c) Starken oder schwachen Kaffee? Vorschlag: Ich mag starken Kaffee lieber als schwachen Kaffee. d) Deutsches oder englisches Bier? Vorschlag: Ich mag deutsches Bier lieber als englisches Bier. e) Rote oder grüne Ampeln? Vorschlag: Ich mag grüne Ampeln lieber als rote Ampeln. f) Saure oder süße Äpfel? Vorschlag: Ich mag süße Äpfel lieber als saure Äpfel. g) Spanischen oder französischen Wein? Vorschlag: Ich mag spanischen Wein lieber als französischen Wein. h) Mageres oder fettes Fleisch? Vorschlag: Ich mag mageres Fleisch lieber als fettes Fleisch. i) Rohes oder gekochtes Gemüse? Vorschlag: Ich mag gekochtes Gemüse lieber als rohes Gemüse.

3 b) Herzliche c) Gute d) Schöne e) Guten f) Guten g) Guten h) Guten i) Gute j) Gemütliche k) Viele l) Guten m) Freundliche n) Gesundes und glückliches o) Erholsamen p) Fröhliche q) Frohes

4 2g fremdsprachige 3h kleine 4b kleine … günstigen 5c stressigen 6a kostenlose … aktuellen 7f ausländische 8e preiswerte … leckeres

5 Lösungsvorschläge:
b) Möbliertes … weibliche … großes … wunderschöner … gute c) Schönes … hohen … großen … sauberer … nächsten d) Zentrales … großer e) neue … helles … lustiger f) Schönes … ruhiger … riesigem … geräumigem … sympathische g) Kleine, möblierte … zentraler … eigenem

4 | Die Deklination von gesteigerten Adjektiven

1 b) ein besseres Essen, das beste Essen c) die interessanteren Bücher, die interessantesten Bücher d) ein spitzerer Bleistift, der spitzeste Bleistift e) die schöneren Bilder, die schönsten Bilder f) der kürzere Weg, der kürzeste Weg g) das wertvollere Geschirr, das wertvollste Geschirr h) der kältere Winter, der kälteste Winter i) ein heißerer Sommer, der heißeste Sommer j) die kompliziertere Aufgabe, die komplizierteste Aufgabe k) eine jüngere Katze, die jüngste Katze

2 b) Er möchte eine schnellere Bedienung. c) Er möchte einen bequemeren Stuhl. d) Er möchte einen saubereren Teller. e) Er möchte eine heißere Suppe. f) Er möchte einen frischeren Salat. g) Er möchte ein schärferes Messer. h) Er möchte ein zarteres Steak.

3 b) das billigste Geschirr c) die schönsten Bilderrahmen d) den altmodischsten Schmuck e) das preiswerteste Spielzeug f) die lustigsten Tassen g) die größte Auswahl an CDs h) die merkwürdigsten Dinge

4 a) schwächeren b) kleineren c) langsameren, schnelleren d) schlechteren e) späteren f) tieferem, flacherem g) älteren, freundlicheren, neueren h) hellerem, dunklerem

5 b) der süßesten Zuckerwatte c) der schnellsten Achterbahn d) dem ältesten Kinderkarussell e) den frischesten Obstspießen mit Schokolade f) der besten Musik g) den meisten Besuchern h) dem buntesten Feuerwerk

6 b) höchsten c) modernsten d) leckersten e) schwierigsten f) ruhigsten g) lautesten h) schönsten

7 a) coolsten, modernsten, schönsten, günstigeren b) härteres, neuesten, professionellsten, bessere, fitteren, preiswertesten c) hip(p)ste, frischesten, köstlichsten, gesündesten, bessere, besten d) engsten, höchsten, schwersten, zuverlässigsten, fleißigsten, stärksten, größere, fairsten e) sympathischste, beliebteste, schönsten, elegantesten, anspruchsvollsten, neuesten, aktuellsten, fortgeschrittenere, niedrigeren

8 b) günstigstes c) kleinster d) beste e) längsten f) berühmtesten g) schwierigsten h) lustigsten i) liebsten j) jüngsten k) besten l) häufigster m) schönsten n) neuesten o) bekanntestes

9 b) Karim hat mehrere Freunde. Karim hat die meisten Freunde. c) Parwaiz liebt schnellere Autos. Parwaiz liebt die schnellsten Autos. d) Ich wohne in einem ruhigeren Haus. Ich wohne im ruhigsten Haus.

5 | Die Deklination von Partizip I und Partizip II

1 b) grillende, grillender; gegrillte, gegrilltes c) frierende, frierende; gefrorene, gefrorenes d) hackende, hackender; gehackte, gehackte e) bratende, bratender; gebratene, gebratener f) malende, malendes; gemalte, gemaltes

2 b) abfahrender c) spielende d) winkende e) klingelndes f) parkendes g) singender h) hustendes i) schlafende

3 b) die aufgebrochene Tür c) der geöffnete Tresor d) der gestohlene Schmuck e) die geflohenen Täter f) der verkaufte Schmuck g) die gefassten Täter h) die verurteilten Täter

4 b) Eingelegter c) geschmolzenem d) gemachte e) Gegrillte f) gewürfelte g) Belegte h) überzogene i) gebackener j) Duftende k) Gebratene l) Erfrischendes m) gepresster n) gerösteter o) gekühlter p) gemixte

5 b)1 c)2 d)2 e)1 f)1 g)2 h)2 i)1 j)2 k)1

6

Infinitiv	Partizip I	im Nominativ	im Akkusativ
springen	springend	der springende Tiger ein springender Tiger	den springenden Tiger einen springenden Tiger
stechen	stechend	der stechende Schmerz ein stechender Schmerz	den stechenden Schmerz einen stechenden Schmerz
klingeln	klingelnd	das klingelnde Telefon ein klingelndes Telefon	das klingelnde Telefon ein klingelndes Telefon
stoppen	stoppend	die stoppende Bewegung eine stoppende Bewegung	die stoppende Bewegung eine stoppende Bewegung

Infinitiv	Partizip II	im Nominativ	im Akkusativ
überweisen	überwiesen	der überwiesene Betrag ein überwiesener Betrag	den überwiesenen Betrag einen überwiesenen Betrag
aufräumen	aufgeräumt	das aufgeräumte Zimmer ein aufgeräumtes Zimmer	das aufgeräumte Zimmer ein aufgeräumtes Zimmer
bezahlen	bezahlt	die bezahlte Rechnung eine bezahlte Rechnung	die bezahlte Rechnung eine bezahlte Rechnung

7 (1) klingelnden (2) vorbereitete (3) geraspelte (4) getrockneten (5) gekaufte (6) gestrickten (7) geschenkten (8) repariertes (9) bepflanzte (10) fahrenden (11) verlorene (12) hupende (13) quietschenden (14) sich erschreckenden (15) gefallenen (16) verletzten (17) bleibenden

8 b) Nominativ: Das weinende Kind ruft nach seiner Mutter. Dativ: Die Mutter gibt dem weinenden Kind einen Kuss. c) Nominativ: Das falsch geparkte Auto wird jetzt abgeschleppt. Dativ: Der Abschleppdienst fährt mit dem falsch geparkten Auto davon. d) Nominativ: Der diesen Sommer wieder geöffnete Biergarten hat sehr viel Werbung in der Zeitung gemacht. Dativ: Am Freitagabend essen wir in einem wieder geöffneten Biergarten.

9 b) genervten c) gestarteten d) installierten e) verschwundenen f) gespeicherten g) erreichenden h) vergangenen i) aufgeladenen j) heruntergefahrenen

10 b) reduzierten c) gebratene, gekochten d) gekauften e) gebackenen f) geöffneten g) bestandenen h) angekommenen

11 2. A) vergangenen 3. A) geplante 4. B) strömender 5. C) gewünschte 6. C) gelungenes 7. A) dauernden 8. B) motivierenden 9. A) angekündigte 10. B) eingeladenen 11. A) untergehender 12. C) brennenden 13. B) geschätzten 14. C) verschobene 15. A) überraschender 16. A) vergnügter

6 | Die Deklination von Ordinalzahlen

1 b) der zwanzigste Juli c) der zweite August d) der neunundzwanzigste Januar e) der erste April f) der fünfte September g) der einunddreißigste März h) der dritte Mai

2 b) sechste, dreißigster c) zehnten d) fünfzehnten e) siebzehnte f) zwanzigsten g) zweiundzwanzigsten, achtundzwanzigsten h) dreißigsten

3 b) siebte, zweiten c) siebzehnten d) vierte e) siebte f) zwölften, dreizehnten g) dreißigsten, achten h) elften i) Sechzehnten, Achtzehnte

4 2a) zweiten, zweiter 3b) zweiundzwanzigsten, zweiundzwanzigste 4c) erste, zweite 5j) neunte, neunten 6i) fünften, sechsten, fünften, sechsten 7g) zweiten, dritte 8e) viertes, vierten 9f) dritte, viertes 10h) hundertsten, dritten